A ARTE DE CONHECER
A SI MESMO

A ARTE DE CONHECER A SI MESMO

Arthur Schopenhauer

Organização e ensaio
FRANCO VOLPI

Tradução
JAIR BARBOZA (alemão)
SILVANA COBUCCI LEITE (italiano)

Revisão da Tradução
EURIDES AVANCE DE SOUZA

A presente edição foi revista pelo organizador

SÃO PAULO 2019

Título original alemão:
DIE KUNST, SICH SELBST ZU ERKENNEN ed. Franco Volpi
por C. H. Beck.
Copyright © Verlag C. H. Beck OHG, München 2006.
Copyright © 2009, Livraria Martins Fontes Editora Ltda.
Copyright© 2013, Editora WMF Martins Fontes Ltda.,
São Paulo, para a presente edição.

1ª edição 2009
2ª edição 2019

Tradução
JAIR BARBOZA (alemão)
SILVANA COBUCCI LEITE (italiano)

Revisão da tradução
Eurides Avance de Souza
Acompanhamento editorial
Luciana Veit
Revisões gráficas
Helena Guimarães Bittencourt e Ana Maria Alvares
Produção gráfica
Geraldo Alves
Paginação
Studio 3 Desenvolvimento Editorial

Dados Internacionais de Catalogação na Publicação (CIP)
(Câmara Brasileira do Livro, SP, Brasil)

Schopenhauer, Arthur, 1788-1860.
  A arte de conhecer a si mesmo / Arthur Schopenhauer ; organização e ensaio Franco Volpi ; tradução Jair Barboza (alemão), Silvana Cobucci Leite (italiano) ; revisão da tradução Eurides Avance de Souza. – 2. ed – São Paulo : Editora WMF Martins Fontes, 2019.

Título original: Die Kunst, sich selbst zu erkennen.
Bibliografia.
ISBN 978-85-469-0277-4

1. Filosofia alemã 2. Schopenhauer, Arthur, 1788-1860 I. Volpi, Franco. II. Título.

19-28769   CDD-193

Índices para catálogo sistemático:
1. Schopenhauer : Filosofia alemã   193

Iolanda Rodrigues Biode – Bibliotecária – CRB-8/10014

Todos os direitos desta edição reservados à
Editora WMF Martins Fontes Ltda.
Rua Prof. Laerte Ramos de Carvalho, 133 01325.030 São Paulo SP Brasil
Tel. (11) 3293.8150 e-mail: info@wmfmartinsfontes.com.br
http://www.wmfmartinsfontes.com.br

Índice

Introdução de Franco Volpi VII
Edições das obras de Schopenhauer utilizadas XXI
Cronologia XXIII

A arte de conhecer a si mesmo 1
Máximas e citações preferidas 71
Fontes 93

Introdução
de Franco Volpi

1. *Conhece-te a ti mesmo!*

O conhecimento de si é o começo da sabedoria. "Conhece-te a ti mesmo!" (γνῶθι σαυτόν) é o ensinamento de vida atribuído a um dos Sete Sábios, talvez até um preceito de origem divina para a auto-realização. Estava inscrito na entrada do templo de Apolo em Delfos, o "umbigo do mundo", o ponto em que duas águias libertadas por Júpiter nas extremidades da terra, e direcionadas para o seu centro, haviam se encontrado.

Ao mesmo tempo é a máxima em que se fundamenta a lição de vida que a filosofia desde sempre pretendeu transmitir: "Todos os homens têm a possibilidade de conhecer a si mesmos", já afirma Heráclito (fr. 116). Mas é sobretudo Sócrates quem faz da arte de conhecer a si mesmo o eixo de toda a sabedoria filosófica, como testemunha Platão no *Alcibíades Maior*, em que o princípio délfico é retomado e transformado na regra áurea do cuidado de si. Não por acaso, na tradição iconográfica a sabedoria será muitas vezes representada como uma figura feminina que segura na mão o precioso instrumento em que é possível olhar-se e conhecer-se: o espelho.

No entanto, o conhecimento de si é também o erro de Narciso. O vaidoso dobrar-se sobre si, de quem, apaixonado pela própria beleza, vê unicamente a si mesmo e não consegue entrar em relação com a realidade. Nesse sentido, conhecer apenas a si mesmo significa permanecer prisioneiro da própria imagem.

Através dos séculos[1], o motivo do conhecimento de si, em seu duplo valor, chega até a era moderna, em que é retomado e desenvolvido especialmente pela filosofia moral. Até Goethe[2], que se mostra cético sobre a origem divina do lema délfico, por estar convencido de seu caráter enganoso:

Erkenne dich! – Was soll das heißen?
Es heißt: sei nur! und sei auch nicht!
Es ist eben ein Spruch der lieben Weisen,
Der sich in Kürze widerspricht.
Erkenne dich! Was hab'ich da für Lohn?
Erkenne ich mich, so muß ich gleich davon.
Als wenn ich auf den Maskenball käme
Und gleich die Larve vom Angesicht nähme.[3]

---

1. Cf. Pierre Courcelle, *Connais-toi toi-même. De Socrate à Saint Bernard*, 3 vols., Paris, Études augustiniennes, 1974-1975.

2. Johann Wolfgang Goethe, *Sprüche*, in: *Goethes Werke*, Hamburger Ausgabe, org. por Erich Trunz, tomo 1.1: *Gedichte und Epen*, 16ª ed., Munique, 1996, p. 308.

3. "Conhece a ti mesmo! – Que significa? / Significa: seja! / e ao mesmo tempo não seja! / É um lema dos sábios antigos / que na sua brevidade

2. O manuscrito perdido

Schopenhauer extrai o motivo do conhecimento de si mesmo da filosofia moral e também, naturalmente, de sua invejável familiaridade com a cultura clássica. Mas não se limita a tratá-lo de maneira abstrata: pratica-o como sabedoria concreta de vida.

Sob o título de *Eis heautón*, tomado emprestado das memórias de Marco Aurélio, ele reúne no decorrer dos anos meditações "destinadas a si mesmo", as quais darão origem a um "livro secreto", que se perdeu e que aqui reconstruímos e apresentamos.

Iniciado em 1821 e enriquecido nas duas décadas seguintes, consistia de mais ou menos trinta páginas, repletas de anotações autobiográficas, recordações, reflexões, ensinamentos de vida, regras de comportamento, máximas, citações e provérbios, que o professor de Dantzig apontara como sendo o mais importante para ele, como uma espécie de resumo da própria sabedoria pessoal de vida: em suma, como preceitos de uma arte de conhecer a si mesmo e orientar-se no mundo.

Trata-se de um pequeno livro precioso escrito, não por acaso, num período de grandes adversidades, que haviam colocado a dura prova a têmpera de seu autor. De um lado, após a publicação do *Mundo* (1819), Scho-

....
se contradiz. / Conhece a ti mesmo! E o que ganho com isso? / Se me conheço, devo desaparecer logo. / É como se viesse a um baile mascarado / para tirar-me logo a máscara do rosto."

penhauer amadurecera a plena consciência da sua vocação filosófica, não se considerando inferior a ninguém nesse campo e sentindo-se até mesmo investido de uma missão diante da humanidade. Por outro lado, essa sua consciência não merecera nenhum reconhecimento por parte da corporação dos filósofos. Ao contrário, sua obra foi ignorada e sua carreira interrompida desde o início de seu duro embate com Hegel, o astro dominante no firmamento filosófico da época. A isso acrescentaram-se obstáculos de todos os tipos: o rompimento com a mãe, problemas financeiros ligados à herança paterna, dificuldades insuperáveis nas relações com os outros, uma inflexível desconfiança para com o outro sexo, e vários outros *"alimenta misantropiae"* que justificam a sua visão pessimista da vida. Esta, porém, não é o fruto amargo da fraqueza, e sim o resultado coerente da lucidez, do desencanto e do sentido trágico da existência.

Coerentemente, Schopenhauer não se comporta nem como estóico fatalista nem como erudito perdido em seus pensamentos, mas como corajoso homem do mundo que reage aos desafios existenciais lançando mão de todas as técnicas e estratégias que sua inteligência e sua capacidade de navegar no mundo lhe põem à disposição.

Daí se origina a convicção schopenhaueriana de que a filosofia não é apenas conhecimento teórico do ser, mas também sabedoria prática de vida. E ele lhe dá expressão em uma série de pequenos tratados, redigidos para uso pessoal, mas dos quais agora não se pode prescindir e que obrigam a rever a tradicional imagem monolítica do seu pensamento baseada unicamente na obra publicada em vida. Textos como a *Eudemonologia*, o *Tratado sobre a honra* e a *Dialética erística*[4], compostos nos anos cruciais de Berlim, inserem-se nessa perspectiva. O *Eis heautón* pertence ao mesmo contexto e, em certo sentido, expressa a quintessência de tal maneira de entender o saber filosófico.

3. Pesquisas e suspeitas

Schopenhauer não escondera de amigos e seguidores a existência desse manual pessoal, zelosamente guardado. No entanto, confiara às pessoas mais íntimas que poderia ser publicado, quando muito, só depois de sua morte. É o que conta Ernst Otto Lindner, o primeiro que deu notícia de sua existência, lamentando o desaparecimento do manuscrito, e outros confirmam a mesma versão[5].

---

4. Publicados no Brasil, pela Martins Fontes, respectivamente com os títulos: *A arte de ser feliz* (2001), *A arte de se fazer respeitar, ou tratado sobre a honra* (2003), *A arte de ter razão* (2001).

5. Cf. Lindner-Frauenstädt, *Arthur Schopenhauer. Von ihm. Über ihn*, pp. 5-6. Vejam-se também os testemunhos em Schopenhauer, *Gespräche*, ns. 118 e 119 (Johann August Becker), 275-276 (Adam Ludwig von Doss), 306 (Ernst Otto Lindner), 351 (Robert von Hornstein). Para as indicações bibliográficas dos textos de Schopenhauer citados, ver a relação das obras utilizadas (p. XXI).

No entanto, as tentativas de encontrá-lo feitas logo após a morte de Schopenhauer (21 de setembro de 1860), e repetidas depois de eliminados os impedimentos da herança (6 de abril de 1861), foram inúteis. Em particular, Adam von Doss voltou a insistir inúmeras vezes com o executor testamentário, Wilhelm Gwinner. O mesmo fez Julius Frauenstädt, gestor designado das cartas filosóficas, que encontrara nestas últimas várias referências ao misterioso caderno.

Gwinner informou: "O *Eis heautón* não era um manuscrito científico, mas referia-se apenas a coisas pessoais, a suas relações particulares com algumas pessoas, misturadas com algumas regras de prudência e citações preferidas que costumava anotar em todos os seus cadernos e que, para o que lhe parecera oportuno, já havia utilizado nos *Parerga*. Era um caderno de mais ou menos trinta folhas soltas, do qual às vezes me ditara alguma coisa, e que depois de sua morte, por vontade dele, foi destruído."[6]

Frauenstädt, que tivera a esperança de poder ter acesso ao documento inédito para a nova edição dos *Parerga und paralipomena* que estava preparando, ficou bem insatisfeito com a resposta. Especialmente porque, pouco depois, Gwinner publicou uma biografia do filósofo – *Arthur Schopenhauer aus persönlichem Umgange dargestellt* [Arthur Schopenhauer apresentado a partir do trato pessoal] (1862) – em que era possível reconhecer alguns tre-

---

6. Lindner-Frauenstädt, *Arthur Schopenhauer. Von ihm. Über ihn*, p. 6.

chos muito bem escritos e próximos demais do estilo de Schopenhauer para serem de Gwinner. Em suma, surgiu a suspeita de que este último, antes de recorrer ao fogo, tivesse explorado amplamente as cartas inéditas que tinha em mãos para enriquecer a própria biografia do filósofo. Os discípulos mais fiéis do mestre consideraram o comportamento de Gwinner ainda mais indigno por ele se gabar de não ser schopenhaueriano e, até, aderindo a uma *Weltanschauung* cristã inspirada em Jacob Böhme e Franz von Baader, ter se afastado da metafísica do pessimismo. Justamente no ano do desaparecimento de Schopenhauer, Gwinner publicara, com o pseudônimo de Natalis Victor, um romance, *Diana und Endymion*, em que podem ser encontradas boas amostras disso.

4. Gwinner em apuros

O que fez Frauenstädt então? Procurou obter o consentimento dos adeptos de Schopenhauer para atacar Gwinner e obrigá-lo a confessar ou a restituir o caderno desaparecido. Em resposta à biografia de Gwinner, publicou, juntamente com o já mencionado Ernst Otto Lindner, um amplo volume de memórias e inéditos: *Arthur Schopenhauer. Von ihm. Über ihn. Ein Wort der Vertheidigung von Ernst Otto Lindner und Memorabilien. Briefe und Nachlaßstücke von Julius Frauenstädt* [Arthur Schopenhauer. Dele. Sobre ele. Uma palavra de defesa expressa por Ernst

Otto Lindner e Memórias. Cartas e peças do espólio de Julius Frauenstädt] (1863).

O testemunho pessoal de Lindner foi precioso. Lembrando que Schopenhauer lhe confiara diversas informações sobre o *Eis heautón*, a última vez em 1858, ele rejeitava *expressis verbis* a versão de Gwinner: "Continuo achando muito estranho", contestava, "que o próprio Schopenhauer tenha ordenado a destruição do escrito. Isso não condiz em nada com as declarações que ele me fez. Por outro lado, essa disposição é difícil de conciliar com a sua natureza tão prudente, e por isso é difícil acreditar que tenha confiado a destruição de um escrito tão importante para ele [...] à boa vontade de um executor testamentário."[7] Além disso, Lindner reafirmava a acusação de plágio: as evidentes discrepâncias de estilo que se notavam no texto de Gwinner só podiam ser explicadas supondo que na própria exposição biográfica este último se limitara a retomar literalmente trechos do manuscrito secreto.

Gwinner defendeu-se com o libelo *Schopenhauer und seine Freunde. Zur Beleuchtung der Frauenstädt-Lindnerschen Vertheidigung sowie zur Ergänzung der Schrift "Arthur Schopenhauer aus persönlichem Umgange dargestellt"* [Schopenhauer e seus amigos. Sobre a elucidação da defesa de Frauenstädt e Lindner, assim como sobre a complementação do texto "Arthur Schopenhauer apresentado a partir do trato pessoal"] (1863). Mas, ao rejeitar com desdém a acusação de plágio, fazia uma confissão involuntária: reconhecia que Schopenhauer lhe havia "trans-

---

7. *Loc. cit.*

mitido" e "lido" algumas partes do controvertido caderno, que ele depois transcrevera e incluíra na sua biografia.

5. Estranho comportamento

Na verdade, teria sido simples para Gwinner dissipar dúvidas e hesitações. Bastaria que publicasse suas próprias anotações e qualquer um poderia verificar os fatos, ou seja, separar claramente aquilo que brotara de sua pena daquilo que, ao contrário, remontava a formulações mais ou menos diretas do mestre.

Há alguns indícios que permitem afirmar, aliás, que na realidade ele não destruíra aquelas cartas, mas, ao contrário, as conservava com todo o sigilo. Por exemplo, nas outras edições da sua biografia (segunda edição com o título *Schopenhauers Leben* [Vida de Schopenhauer], 1878; terceira edição, 1910), acrescentou novas afirmações de Schopenhauer, citando-as literalmente, entre aspas: evidentemente podia copiá-las das cartas inéditas em seu poder. Ou então: na troca de cartas com vários correspondentes fornece-lhes esclarecimentos e detalhes. E qual era a sua fonte? Obviamente, aquelas mesmas cartas.

O fato é, porém, que Gwinner não tornou público nada do material que possuía, deixando aos que vieram depois a tarefa de imaginar os motivos que o levaram a não desejar revelar o próprio segredo. Entre os pósteros que imaginaram tais motivos encontrava-se até Nietzsche que, em *Zur Genealogie der Moral* [*Genealogia da moral: uma polêmica*] (III, 19), observava a esse respeito: "O mesmo [ou seja, queimar os papéis do próprio mestre] parece ter feito o Dr. Gwinner, executor testamentário de Schopenhauer: pois também Schopenhauer escrevera algo sobre si mesmo e talvez até contra si (*Eis heautón*)".

6. De pai para filho

Com a morte de Gwinner (27 de janeiro de 1917), as misteriosas cartas passaram às mãos do filho Arthur, cônsul na Espanha e depois alto funcionário do Deutsche Bank. A certa altura, ele pensou em divulgá-las, como revela uma notícia da imprensa de Frankfurt de 4 de junho de 1918: "Schopenhaueriana. Recebemos e publicamos o seguinte anúncio: o diretor Arthur von Gwinner, frankfurtiano de nascimento, presenteou a Stadtbibliothek de Frankfurt com os preciosos apontamentos de seu pai sobre o filósofo Schopenhauer. Eles só poderão ser abertos dez anos depois da morte de seu autor, que foi amigo do filósofo."[8]

Sem contar a inédita proibição decenal, aquelas cartas na verdade nunca chegaram à Stadtbibliothek. Nem a viúva, nem mais tarde a neta, Charlotte von Gwinner, conseguiram encontrá-las.

---

8. Em Schopenhauer, *Der handschriftliche Nachlaß*, vol. IV, tomo II, p. 292.

7. Mais acusações: Grisebach

A polêmica reacendeu-se quando Eduard Grisebah, editor das obras de Schopenhauer, voltou a se debruçar sobre o problema e novamente notou a dependência de algumas partes da biografia de Gwinner de frases que provavelmente estavam no manuscrito desaparecido. Com uma série de argumentos – baseando-se particularmente em uma afirmação do próprio Gwinner de 22 de abril de 1870, segundo a qual "para o seu livro ele retirara passagens isoladas do *Eis heautón*, e possivelmente algumas delas tivessem até sido extraídas ao pé da letra"[9] –, Grisebach afirma com firmeza a acusação de plágio e até de falsa declaração, visto que considerava que Schopenhauer jamais transmitira a disposição de destruir o *Eis heautón*. Entre outras coisas, ele considerava que o manuscrito original não tinha trinta páginas, como afirmava Gwinner, mas pelo menos oitenta.

8. As reconstruções do texto e a presente edição

Grisebach aprofundou, portanto, o estudo do problema e fez a primeira tentativa de reconstrução conjectural do caderno perdido: depois de identificar as passagens da biografia de Gwinner que com toda a probabilidade per-

---
9. *Edita und Inedita Schopenhaueriana*, org. por E. Grisebach, p. 36.

tenciam ao manuscrito de Schopenhauer, ele as reuniu, as organizou, combinando vários critérios, cronológico e temático, e, passando-as para a primeira pessoa, a partir da terceira em que se encontravam em Gwinner, publicou-as no volume organizado por ele: *Schopenhauer's Gespräche und Selbstgespräche* [Schopenhauer: conversas com os outros e consigo mesmo] (Berlim, Ernst Hofmann & Co., 1898, pp. 95-123, comentários pp. 125-39; segunda edição ampliada, 1902, pp. 120-30, comentários pp. 151-69). Mais tarde, em sua edição dos escritos póstumos, naqueles que chamou *Neue Paralipomena*, inseriu um capítulo inteiro, o XXII, com o título *Eis heautón: über sich selbst*, constituído por outro material autobiográfico[10].

Com base no trabalho realizado por Grisebach, mas efetuando um reexame do manuscrito legado e procedendo a uma datação dos trechos, Arthur Hübscher propôs uma nova reconstrução do texto. Uma primeira vez no âmbito da edição dos *Sämtliche Werke* dirigida por Paul Deussen (vol. XVI, 1942, pp. 61-91, comentário e notas pp. 559-77). Uma segunda, mais aprimorada, no último volume da sua edição das cartas póstumas (*Der handschriftliche Nachlaß*, vol. IV, tomo II, pp. 102-29, comentário e notas pp. 228-306).

A presente edição leva em conta ambas as reconstruções, Grisebach e Hübscher, preferindo geralmente a se-

---

10. *Arthur Schopenhauers handschriftlicher Nachlaß*, org. por E. Grisebach, vol. IV, pp. 338-64.

gunda, cuja cronologia utiliza, mas em alguns pontos segue um caminho próprio. De fato, tendo em vista o caráter conjectural e incompleto da cronologia, sobretudo na introdução e na parte inicial do texto, decidiu-se organizar os fragmentos de acordo com um critério temático.

O resultado permite ter uma idéia bastante clara do pequeno manual de filosofia prática que Schopenhauer prepara no decorrer daqueles anos. É possível identificar as regras fundamentais da sabedoria de vida seguida por ele: autarquia, auto-estima, amor-próprio, vida solitária, aristocracia da inteligência, saudável misantropia, prudência nas relações com o outro sexo, e assim por diante. No fundo de tudo isso, a inabalável convicção de que, nas dúvidas e nas incertezas de que a vida está repleta, é sempre melhor raciocinar *ex summo malo*, ou seja, pensar sempre no pior, em vez de se deixar enganar pela miragem do bem ou pelo improvável evento da bondade dos outros.

Mesmo na inevitável fragmentariedade da reconstrução, este "livro secreto" abre, portanto, um acesso direto e privilegiado aos pensamentos íntimos do mestre do pessimismo. Para quem – é verdade – a vida não é bela, mas mesmo assim a filosofia pode fazer muito para tornar mais suportável sua insustentável e fatal leveza.

Edições das obras de Schopenhauer utilizadas

Edita und Inedita Schopenhaueriana, org. por Eduard Grisebach, Leipzig, Brockhaus, 1888.
Schopenhauer's Gespräche und Selbstgespräche, org. por Eduard Grisebach, Berlim, Ernst Hofmann & Co., 1898 (2ª ed. ampliada, 1902).
Arthur Schopenhauers handschriftlicher Nachlaß, org. por Eduard Grisebach, 4 vols., Leipzig, Reclam, 1891-1893 (2ª ed., 1895-1901; 3ª ed., 1926-1931).
Sämtliche Werke, org. por Paul Deussen, 13 vols., Munique, Piper, 1911-1942.
Sämtliche Werke, org. por Arthur Hübscher, 7 vols., 3ª ed., Wiesbaden, Brockhaus, 1972 (4ª ed. revista por Angelika Hübscher, Mannheim, Brockhaus, 1988). As citações das obras publicadas em vida são extraídas desta edição, em especial dos vols. II-III (*Die Welt als Wille und Vorstellung*) e dos vols. V-VI (*Parerga und Paralipomena*).
Der handschriftlicher Nachlaß, org. por Arthur Hübscher, 5 vols. em 6 tomos, Frankfurt a.M., Kramer, 1966-1975 (reimpressão anastática, Munique, Deutscher Taschenbuch Verlag, 1985); ed. it., *Scritti postumi*, org. por Franco Volpi, Milão, Adelphi, 1996-.
Gespräche, org. por Arthur Hübscher, Stuttgart-Bad-Cannstatt, Holzboog, 1971.

Gesammelte Briefe, org. por Arthur Hübscher, Bonn, Bouvier, 1978.

Werke in fünf Bänden, org. por Ludger Lütkehaus, Zurique, Haffmans, 1988.

Die Schopenhauers. Der Familien-Briefewechsel von Adele, Arthur, Heinrich Floris und Johanna Schopenhauer, org. por Ludger Lütkehaus, Zurique, Haffmans, 1991.

Wilhelm Gwinner, *Arthur Schopenhauer aus persönlichem Umgange dargestellt*, Leipzig, Brockhaus, 1862 (nova edição org. por Charlotte von Gwinner, 1922; edição reduzida org. por C. von Gwinner, Frankfurt a.M., Kramer, 1963).

Arthur Schopenhauer. Von ihm. Über ihn. Ein Wort der Vertheidigung von Ernst Otto Lindner und Memorabilien. Brief und Nachlaßstücke von Julius Frauenstädt, Berlim, Hayn, 1863.

Wilhelm Gwinner, *Schopenhauer und seine Freunde. Zur Beleuchtung der Frauenstädt-Lidnerschen Vertheidigung sowie zur Ergänzung der Schrift "Arthur Schopenhauer aus persönlichem Umgange dargestellt"*, Leipzig, Brockhaus, 1863.

Cronologia

1788. Nasce Arthur Schopenhauer em Dantzig (Gdansk). Kant: *Kritik der praktischen Vernunft* [*Crítica da razão prática*].
1790. Kant: *Kritik der Urteilskraft* [*Crítica da faculdade do juízo*].
1794. Fichte: *Grundlage der gesamten Wissenschaftslehre* [Fundamentos da doutrina da ciência em seu conjunto].
1800. Schelling: *System des transcendentalen Idealismus* [Sistema do idealismo transcendental].
1800-5. Destinado por seu pai ao comércio, Schopenhauer realiza uma série de viagens pela Europa ocidental: Áustria, Suíça, França, Países Baixos, Inglaterra. Isso lhe rende um diário de viagem e um excelente conhecimento do francês e do inglês.
1805. Morre seu pai. Schopenhauer renuncia à carreira comercial para dedicar-se aos estudos nos liceus de Gotha e de Weimar.
1807. Hegel: *Die Phänomenologie des Geistes* [*A fenomenologia do espírito*].

1808. Fichte: *Reden an die deutsche Nation* [Discurso à nação alemã]. Goethe: *Die Wahlverwandtschaften* [*As afinidades eletivas*] e *Faust* [*Fausto*] (primeira parte).
1809-13. Schopenhauer prossegue seus estudos nas universidades de Göttingen e de Berlim.
1813. Schopenhauer: *Ueber die vierfache Wurzel des Satzes vom zureichenden Grunde* [Da quádrupla raiz do princípio de razão suficiente] (tese de doutorado).
1814. Morre Fichte.
1815. Derrota de Napoleão em Waterloo. O Congresso de Viena reorganiza a Europa sob o signo da Santa Aliança.
1816. Schopenhauer: *Ueber das Sehen und die Farben* [*Sobre a visão e das cores*].
1818. Hegel entra na Universidade de Berlim, onde lecionará até sua morte.
1819. Schopenhauer: *Die Welt als Wille und Vorstellung* [*O mundo como vontade e representação*].
1820. Schopenhauer começa a lecionar em Berlim com o título de *privat-dozent*. Fracassa.
1825. Nova tentativa na universidade de Berlim. Novo fracasso. Schopenhauer renuncia à docência e passa a viver daí em diante com a herança paterna.
1830. Hegel: *Enzyklopädie der philosophischen Wissenschaften in Grundiss* [*Enciclopédia das ciências filosóficas*] (edição definitiva).
1831. Morre Hegel.
1832. Morre Goethe.

1833. Schopenhauer estabelece-se em Frankfurt, onde residirá até sua morte.
1836. Schopenhauer: *Ueber den Willen in der Natur* [Da vontade na natureza].
1839. Schopenhauer recebe um prêmio da Sociedade Norueguesa de Ciências de Drontheim por uma dissertação sobre "A liberdade da vontade".
1840. A dissertação "Sobre o fundamento da moral" não recebe o prêmio da Sociedade Real Dinamarquesa de Ciências de Copenhague.
1841. Schopenhauer publica suas duas dissertações de concurso sob o título de *Die beiden Grundprobleme der Ethik* [Os dois problemas fundamentais da ética]. Feuerbach: *Das Wesen des Christentums* [A essência do cristianismo].
1843. Kierkegaard: *Frygt og Boeven* [*Temor e tremor*].
1844. Schopenhauer: *O mundo como vontade e representação*, segunda edição acompanhada de *Suplementos*. Stirner: *Der Einzige und sein Eigentum* [O único e sua propriedade]. Marx e Engels: *Die heilige Familie oder Kritik der kritischen Kritik gegen Bruno Bauer und Konsorten* [A sagrada família ou Crítica da crítica crítica contra Bruno Bauer e sócios].
1846. Comte: *Discours sur l'esprit positif* [*Discurso sobre o espírito positivo*].
1848. Marx e Engels: *Manifest der Kommunistischen Partei* [*Manifesto do Partido Comunista*]. Revolução na França e na Alemanha. Sua correspondência confir-

ma que Schopenhauer desejou e apoiou a repressão em Frankfurt.
1851. Schopenhauer: *Parerga und Paralipomena* [*Parerga e Paralipomena*]. Êxito e primeiros discípulos, Frauenstädt, Gwinner etc.
1856. Nasce Freud.
1859. Darwin: *On the Origin of Species* [*A origem das espécies*].
1860. Morre Schopenhauer.

A ARTE DE CONHECER A SI MESMO

1

Querer o menos possível e conhecer o mais possível, eis a máxima que conduziu minha trajetória de vida. Pois a vontade é o que há de mais comum e de pior em nós. Devemos ocultá-la como se faz com a genitália, embora ambos sejam a raiz de nosso ser[1]. Minha vida é heróica e não pode ser avaliada pelo metro do filisteu, ou com o cúbito do merceeiro, muito menos pela medida do homem comum, que não possui outra existência senão a do indivíduo limitada a um curto espaço de tempo. Portanto, não posso me afligir ao pensar que me faltam coisas que fazem parte da trajetória normal de um indivíduo: emprego, casa, jardim, esposa e filho. A existência desses indivíduos transcorre de maneira sempre igual. Já a minha vida, ao contrário, é intelectual, e seu desenvolvimento regular e atividade constante têm de produzir frutos nos poucos anos de pleno poder espiritual e de sua livre utilização, e, assim, por séculos enriquecer a huma-

---

1. Cf. *Parerga und paralipomena*, vol. II, p. 635.

nidade. Minha vida pessoal é tão-somente a base para a intelectual, a *conditio sine qua non*, ou seja, algo totalmente secundário. Quanto mais estreita for esta base, tanto mais segura; e se realizar o que deve com relação à minha vida intelectual, terá atingido o seu fim. O instinto, que é próprio a todos aqueles que têm objetivos intelectuais, também se tornou um guia seguro para mim, de forma que deixei de lado os interesses pessoais e tudo concentrei em minha existência espiritual. Por isso também o fato de a trajetória de minha vida parecer desconexa e destituída de plano não pode me surpreender: ela se assemelha ao acompanhamento na harmonia, que igualmente não pode conter em si nexo algum, visto que serve apenas de fundo para a voz principal, na qual se encontra o nexo. As coisas de que necessariamente sou privado em minha vida pessoal me são compensadas de outra maneira, ao longo da vida, pelo pleno gozo do meu espírito e empenho em favor de sua orientação inata; de fato, se as possuísse, não as fruiria, e ser-me-iam até mesmo impeditivas. Para um espírito que doa e realiza por si mesmo aquilo que nenhum outro pode da mesma forma doar e realizar, e que justamente por isso subsiste e perdurará – seria ao mesmo tempo cruel e insano querer forçá-lo a fazer outras coisas, ou mesmo atribuir-lhe tarefas obrigatórias, afastando-o do seu dom natural.

2

Já nos primeiros anos de minha juventude, notei que enquanto todas as outras pessoas aspiravam a bens exteriores, eu não me dirigi para tais bens, pois trago em mim um tesouro infinitamente mais valioso do que quaisquer bens exteriores; trata-se apenas de desenterrá-lo, para o que as primeiras condições são formação espiritual e ócio total, portanto, independência. A consciência disso, no princípio obscura e vaga, tornou-se, ano após ano, cada vez mais clara e foi suficiente para sempre fazer de mim uma pessoa prudente e parcimoniosa, isto é, para dirigir o meu cuidado para a manutenção de mim mesmo e de minha liberdade e não para algum bem exterior. Indo de encontro à natureza e ao direito humano, tive de abster-me de usar minhas forças em favor de minha pessoa e do fomento de meu bem-estar, para assim empregá-las em prol da humanidade. Meu intelecto não pertenceu a mim, mas ao mundo. A percepção deste estado de exceção e da difícil tarefa dele procedente – *viver sem empregar minhas forças para mim mesmo* – exerceu contínua pressão sobre o meu ser e o tornou ainda mais preocupado e cuidadoso do que já era por natureza. No entanto, levei tudo a bom termo, realizei a tarefa, cumpri minha missão. Por conta disso também gozei do direito de zelar para que o sustento proveniente de minha herança paterna – que por tanto tempo me manteve e sem o qual o mundo jamais teria tido algo de mim – durasse até minha idade avançada. Ofício algum no mundo, nenhum cargo de ministro ou de governador me indenizariam pela perda de meu ócio livre, privilégio que me veio de família.

3

Comparada à importância do indivíduo, a importância do homem intelectualmente imortal tornou-se em mim algo tão infinitamente grande, que eu, embora me sobrecarregasse com tantas preocupações pessoais, logo as deixava passar e desaparecer, assim que um pensamento filosófico se anunciava. Pois tal pensamento sempre foi para mim a coisa mais séria, o resto, ao contrário, mero passatempo. Esse é o título de nobreza e a carta de alforria da natureza. A felicidade do homem ordinário reside na alternância entre trabalho e prazer: para mim, ao contrário, ambos são uma coisa só. Eis por que a vida de homens de minha espécie é necessariamente um monodrama. Missionários da verdade a ser transmitida ao gênero humano, como eu, após terem se reconhecido como tais, pouco terão em comum com as pessoas, exceto por sua própria missão, assim como os missionários na China que não se confraternizam com os chineses. Em todas as situações da vida em sociedade, um homem como eu, sobretudo na juventude, sente-se continuamente como alguém que usa roupas que não lhe servem.

4

A parte de mim que fica mais próxima das coisas exteriores, como uma camisa fica do corpo, é minha independência, que não admite que eu seja obrigado a esquecer quem sou e, assim, a desempenhar o papel de um outro: por exemplo, o de um escritor cuja produção é seu ganha-pão; ou o de um professor para quem seu saber e pensamento são como as mercadorias que um merceeiro coloca em exposição; ou o de um conselheiro expondo suas idéias; ou, ainda, o de um preceptor.

5

Como para mim as pessoas com quem vivo nada podem ser, meu maior prazer na vida são os pensamentos monumentais deixados por seres semelhantes a mim, que, como eu, uma vez vaguearam por entre a gente do mundo. Sua letra mais morta afeta-me de maneira mais familiar do que a existência viva dos bípedes. De fato, a um imigrante, a carta recebida do país natal faz muito mais sentido do que a conversa com os estrangeiros que o cercam! E, decerto, para o andarilho na ilha deserta, os vestígios de humanos que por ali passaram são muito mais familiares do que todos os macacos ou cacatuas nas árvores[2]!

2. Retomado em *Pandectae* (1834), p. 160, in: *Der handschriftliche Nachlaß*, vol. IV/1, p. 179.

6

Clima e modo de vida em Berlim não me agradam. Vive-se lá como num navio: tudo é escasso, caro, difícil de ter, os alimentos são ressecados e duros. As malandragens e trapaças de todo tipo são, todavia, piores do que no país onde florescem os limoeiros[3]. Isto não apenas nos põe no mais fastidioso estado de precaução, mas amiúde faz com que aqueles que não nos conhecem levantem suspeitas contra nós, que nem sonhávamos, e, propriamente falando, nos tratem como *filous*, gatunos, até que a explosão fatal aconteça.

---

3. Ou seja, a Itália, conforme o verso inicial do poema de Goethe em *Wilhelm Meisters Lehrjahre* [*Os anos de aprendizado de Wilhelm Meister*]: *"Kennst Du das Land? Wo die Citronen blühen..."* [Conheces a terra? Onde os limões florescem...], in: *Werke*. Hamburger Ausgabe em 14 volumes, Munique, Beck, 1981, vol. VII, p. 145.

7

Visto que o tempo propriamente dito da concepção genial já passou para mim e de agora em diante minha vida encontra-se no momento mais favorável para a atividade de ensino, tem ela de abrir-se aos olhos de todos, e adquirir um lugar na sociedade, o qual não posso conquistar na minha condição de celibatário[4].

---

4. Provavelmente Schopenhauer alude aqui ao intentado matrimônio com Caroline Richter Medon, corista do teatro nacional de Berlim, que ele conheceu em 1821 e com a qual teve uma longa relação amorosa.

8

Nos súbitos ataques de insatisfação sempre reflito sobre qual o significado de um homem como eu viver toda a sua vida dedicando-se ao desenvolvimento de suas aptidões e vocação inata, e como milhares se colocaram contra um, dizendo que isso não levaria a nada, e que eu seria muito infeliz. Mas, se de tempos em tempos me senti infeliz, isto ocorreu mais devido a uma *méprise*, a um equívoco em relação à minha pessoa, visto que me tomei por um outro e não por mim mesmo, e, assim, lastimei o tormento: por exemplo, ao tomar-me por um professor adjunto que não se torna professor titular e que não tem aluno algum[5]; ou por uma pessoa de quem este

---

5. Como se sabe, a carreira universitária de Schopenhauer naufragou de um lado pela resistência aos professores de filosofia, de outro por sua oposição intransigente e pertinaz ao idealismo então vigente. Em especial a discussão com Hegel foi desastrosa. A primeira controvérsia acalorada entre ambos se deu na defesa de sua dissertação, ao fim do exame de admissão para docente na Universidade de Berlim, em 23 de março de 1820, diante do corpo acadêmico da universidade. Depois, o jovem professor adjunto marcou suas preleções para o mesmo horário que as de

filisteu fala mal e aquela fuxiqueira faz fofoca; ou pelo acusado num processo de injúria[6]; ou pelo apaixonado que galanteia uma moça que não lhe dá ouvidos; ou pelo paciente que trata a própria doença em casa; ou por outras pessoas assim que sofrem semelhantes misérias. Não fui nada disso. Tudo me era tecido estranho, do qual no máximo era feito um casaco que eu usava por um tempo e depois trocava por outro. Quem sou eu então? Aquele que escreveu *O mundo como vontade e representação* e deu uma solução para o grande problema da existência, que talvez torne obsoletas as soluções anteriores, e que de alguma forma ocupará os pensadores dos próximos séculos. Esse sou eu. Que coisa poderia me atingir nos anos em que ainda hei de viver?

Hegel – como resultado, a sala de aula do primeiro ficou praticamente vazia, e as aulas logo precisaram ser suspensas. Terminou assim o plano de uma carreira universitária. Seu ácido ajuste de contas intitulado "Über die Universitäts philosophie" [*Sobre a filosofia universitária*] foi publicado nos *Parerga und paralipomena* (1851).

6. Referência ao processo movido por sua vizinha, uma certa Caroline Marquet. Ao fim de uma discussão na porta de entrada do prédio onde moravam, em que essa senhora conversava alto com outras senhoras e atrapalhava o filósofo em seus pensamentos – ou em um de seus discretos encontros com Caroline Medon, como biógrafos maldosos afirmam –, deu-se um confronto corporal entre os dois, no qual Schopenhauer a feriu. Após um longo processo, que durou bons cinco anos, Schopenhauer foi sentenciado por *injúria real* e sentenciado a pagar à senhora uma pensão vitalícia. Quando ela morreu, anotou com um jogo de palavras: *Obit anus, abit onus*: foi-se a velha, foi-se o ônus.

9

Quando eu tinha 29 anos de idade um senhor que nunca vi aproximou-se de mim para dizer que eu seria algo de grande. Um italiano totalmente desconhecido dirigiu-se a mim com as seguintes palavras: *"Signore, lei deve avere fatto qualche grande opera: non so cosa sia, ma lo vedo al suo viso"* [Meu senhor, o senhor deve ter realizado alguma grande obra: não sei o quê, mas a vejo em seu rosto][7]. Um inglês, que acabara de me ver, declarou que eu devia possuir um espírito extraordinário. Um francês confessou subitamente: *"Je voudrais savoir ce qu'il pense de nous autres; nous devons paraître bien petits à ses yeux. C'est qu'il est un être supérieur"* [Gostaria de saber o que ele pensa de nós; devemos lhe parecer bem diminutos, pois ele é um ser superior]. O filho de uma família inglesa, que estava de viagem e hospedava-se num quarto próximo ao meu, gritou exaltado: *"No, I'll sit here, I like to see his intellectual face!"* [Não, vou ficar sentado aqui, gosto de ver seu rosto intelectual!].

---

7. A anedota também é relatada pelos "apóstolos" Julius Frauenstädt e Robert von Hornstein (Schopenhauer, *Gespräche*, pp. 96, 216).

10

Assim que passei a puberdade, reconheci com toda clareza a posição que tinha de ocupar neste mundo, a ponto de empregar para a condução de minha vida as seguintes palavras de Chamfort:

Il y a une prudence supérieure à celle qu'on qualifie ordinairement de ce nom, elle consiste à suivre hardiment son caractère, en acceptant avec courage les désavantages et les inconvénients qu'il peut produire.

[Há uma prudência superior àquela ordinariamente denominada com esse nome, e que consiste em seguir audaciosamente o próprio caráter, aceitando com coragem as desvantagens e os inconvenientes que daí possam surgir.[8]]

---

8. Cf. Chamfort, *Produits de la civilisation perfectionnée. Maximes et pensées, caractères et anecdotes*, org. por Jean Dagen, Paris, Garnier-Flammarion, 1968, cap. I, n. 38.

Não temo pela dignidade moral de minhas ações. Penso antes como Polonius:

> *This above all, – to thine own self be true;*
> *And it must follow, as the night the day,*
> *Thou canst not then be false to any man.*
>
> Shakespeare, *Hamlet*, I, 3, v. 78-80

[Acima de tudo sê fiel a ti mesmo;
Disso se segue, como a noite ao dia,
Que não podes ser falso com ninguém.]

11

Em relação às minhas aspirações, elas só seriam aceitas por aqueles que estão em condição de sentir em que elas se fundam, porque elas não afetam seus interesses, e esse sentimento, bem como essa aceitação, lhes rende honra moral e intelectual. O caso, contudo, daqueles que só as admitiriam sob a condição de que eu tomasse tal aceitação como um presente, assemelha-se a passar um recibo com os dizeres "recebemos e agradecemos", embora se trate aí de uma maldita obrigação; ou algo parecido ao suplicante *plaudite* [pedido de aplauso][9] que se encontra no fim das peças de Plauto. Nunca poderei, portanto, ter mais pretensões do que qualquer outro: as pessoas baseiam-se no fato de que nenhuma coerção externa as obriga em relação a mim, e me mostrarão isso, tão logo eu lhes mostre que o sei. A vergonha do desprezo (*despectio*) lhes é natural, e todos ficam atentos para que

---

9. Era a palavra de encerramento dos atores nas antigas comédias. Cf. Cícero, *De senectute*, 19; Horácio, *Ars poetica*, 135. Suetônio, *Augustus*, 99, I, coloca a expressão na boca de Augusto moribundo.

ninguém os considere inferior àquilo que eles mesmos acham de si. Eles se fixam no seguinte:

Par sum unicuique et moriatur qui me contemnit!

[Sou igual a qualquer um, e morra quem me desprezar![10]]

Estou livre dessa preocupação e sou de tal forma talhado pela natureza, que todos os que não podem ser incluídos entre os melhores têm necessariamente de me observar com suspeita (*suspectio*). Eu me fixo no seguinte:

Contemnite me, si potestis, vestro periculo, non meo!

[Desprezai-me, se podeis, mas o risco é vosso, não meu![11]]

---

10. Sentença que possivelmente o próprio Schopenhauer formulou em latim.

11. Cf. Marco Aurélio, *Tà eis heautón*, XI, 13.

12

Sim, quando a juventude de minha fantasia ainda povoava o mundo com seres iguais a mim, e eu tinha uma certa propensão à sociabilidade, e quando, após a ausência de vários anos, retornei a Dresden e Berlim, depois de minha segunda viagem à Itália, todo mundo me achou maravilhosamente mudado, tão grande tinha sido antes a minha melancolia, quando ainda o impulso natural à sociabilidade, a vontade de me comunicar e a necessidade de adquirir experiência equilibravam-se com a aversão ao ser humano. A chegada da idade adulta, entretanto, acentuou a força repulsiva e enfraqueceu a outra. A partir daí adquiri gradualmente um "olhar solitário", tornei-me sistematicamente insocial e decidi dedicar o resto da minha vida efêmera totalmente a mim mesmo e, assim, perder o menor tempo possível com aquelas criaturas, a quem o fato de andarem sobre duas pernas conferiu o direito de nos tomarem por seus iguais, ou também, caso notem que não o somos, como ocorre com a maioria, ignorarem astutamente isso e nos tratarem como pessoas iguais a elas, ao passo que nós, já aflitos por não o sermos, ainda temos de sentir a dor da injúria.

13

Rejeito a afirmação de Bacon de que toda suspeita baseia-se em ignorância, e penso como Chamfort: o começo da sabedoria é o temor aos homens[12]. Demóstenes tem razão ao dizer: muralhas e muros são bons meios de defesa, mas o melhor é a ἀπιστία [desconfiança]. Penso e procedo segundo o mote de Bias: οἱ πλεῖστοι ἄνθρωποι κακοί [a maioria dos homens é ruim][13], e segundo as máximas de Leopardi: *L'impostura è anima della vita sociale* [a men-

---

12. Cf. Chamfort, *Produits de la civilisation perfectionnée*, cap. II, n. 116: "*L'Écriture a dit que le commencement de la sagesse était la crainte de Dieu; moi, je crois que c'est la crainte des hommes*" [A Escritura disse que o começo da sabedoria seria o temor a Deus; mas creio que é o temor aos homens]. Schopenhauer também usa a citação no prefácio da primeira edição de *Die beiden Grundprobleme der Ethik* (1841).

13. Mote de Bias, um dos sete sábios (cf. Diógenes Laércio, I, 5, 87; Estobeu, III, 1, 172). Schopenhauer descobriu o mote numa inscrição sob o busto de Bias no Vaticano (cf. *Der handschriftliche Nachlaß*, v. III, p. 9), e o cita repetidas vezes em seus textos e cartas (por exemplo, a Osann, em 25 de maio de 1822, e a Frauenstädt, em 22 de junho de 1854). Cf. A. Schopenhauer, *Gesammelte Briefe*, pp. 86, 87, 346.

tira é a alma da vida social][14], e *Il mondo è una lega di birbanti contro gli uomini da bene, e di vili contro i generosi* [o mundo é uma liga de gatunos contra as pessoas de bem, e de vis contra as pessoas generosas][15].

---

14. Giacomo Leopardi, *Pensieri*, XXIX, na edição usada por Schopenhauer: *Opere*, org. por Antonio Ranieri, 2 vols., Florença, Le Monnier, 1845, vol. II, p. 128.

15. Op. cit., p. 107.

14

Ao lado do desejo de ter uma mulher que me pertença totalmente, tenho o plano de me mudar para uma cidade do interior, onde eu não tenha a oportunidade de comprar livros – uma necessidade cuja satisfação, em caso de matrimônio, ameaça minhas economias em Berlim. Enquanto isso...

ἀλλ' ἄγε δὴ σύ, φίλος, μῆτιν ἐμβάλλεο θυμῷ
παντοίην ... φρονέων πεφυλαγμένος εἶναι

                Homero, *Ilíada*, XXIII, vs. 313, 343

[Pois sim, meu querido, emprega as habilidades que aprendeste... sê cauteloso, prudente e racional!]

15

Um dos pontos em que inexperiência e prudência[16] se opõem uma à outra é que a primeira, em sua consciência, seu agir e discurso, está em geral relacionada apenas a um *tu* genérico e indeterminado, portanto, seu comportamento não muda muito conforme a aparência da pessoa com quem ela tem relação, mas deposita a sua confiança na mesma medida, independentemente da figura do tu que esteja à sua frente; ademais, também aplica na *mesma* medida a sua cautela para ocultar e encobrir as próprias fraquezas e defeitos, sem ponderar se acaso o tu ao qual se esforça violentamente por agradar, forçando a própria natureza, é uma figura fugidia das mais estranhas ou um vigia constante e participativo. Já a prudência, ao contrário, considera sempre a pessoa: uma é para ela digna de confiança incondicional, outra não merece nenhum crédito; diante de um observador, ela se coloca em aler-

....
16. Schopenhauer utiliza esse conceito em sua tradução do *Oráculo manual y arte de prudencia* (1829) [Trad. bras. *A arte da prudência*, São Paulo, Martins Fontes, 2001], para reproduzir o termo espanhol *prudencia*.

ta durante anos e refreia a mais tênue manifestação daquilo que tem de ser encoberto, ao passo que diante de outro expressa abertamente sua verdadeira natureza, sem em momento algum se avergonhar disso... Quanto mais comum esta prudência é na sociedade humana, tanto mais se nota a sua carência. Mas se, na idade madura, aquela inexperiência nos envolver por completo, então podemos concluir que estamos inclinados a um elevado grau de limitação intelectual ou de genialidade.

16[17]

A cortesia, assim como as moedas feitas de metal, é reconhecidamente uma moeda falsa. Não se deve economizá-la... Quem, entretanto, pratica a cortesia em detrimento de interesses reais assemelha-se àquele que despende autênticas moedas de ouro em vez de moedas de metal.

Assim como a cera, por natureza dura e seca, derrete-se com um pouco de calor, podendo adquirir qualquer forma, até mesmo pessoas duronas e hostis também podem, com um pouco de cortesia e amabilidade, tornar-se flexíveis e solícitas. Nesse sentido, a cortesia é para o ser humano o que o calor é para a cera.

---

17. Ambos os parágrafos foram usados em *Parerga und paralipomena*, vol. I, p. 493.

17

"*It's safer trusting fear than faith*" [é mais seguro temer os homens do que confiar neles]. Sempre ter em mente que não me encontro em minha pátria, nem entre seres iguais a mim mas, por conta de um destino especialmente duro, aliviado apenas pelo conhecimento, tenho de viver entre pessoas que me são mais estranhas do que os chineses são aos europeus ou, entre os pássaros, os *bípedes*, os "*hombres que no lo son*" [homens que não o são][18]. O conhecimento da sentença de Plauto, "*homo homini lupus*" [o homem é o lobo do homem[19]], para muitos algo acidental, no meu caso baseia-se num instinto necessário. E assim como há aqueles que temem bestas ferozes, sem as odiar, assim se passa comigo em relação aos seres humanos. Não μισάνθρωπος [alguém que odeia os ho-

---

18. Expressão de Baltasar Gracián, cf. *Parerga und paralipomena*, vol. II, p. 86.

19. Cf. Plauto, *Asinaria*, II, 495: "*lupus est homo homini, non homo, quom qualis sit non novi*" [para o homem, o homem que ele não conhece é um lobo, não um homem]. Cf. também Plínio, *Historia naturalis*, VII, 1; Sêneca, *Epistulae*, 103, 1.

mens], mas καταφρον άνθρωπος [alguém que os despreza] é o que quero ser. Para poder desprezar, como é justo, todos aqueles que o merecem, ou seja, cinco sextos da humanidade, a primeira condição é não odiá-los. Não se deve permitir que o ódio tome conta de nós, pois aquilo que se odeia não se despreza suficientemente. Em contrapartida, o meio mais seguro contra o ódio ao homem é justamente o desprezo ao homem. Mas um desprezo deveras profundo, conseqüência de uma visão clara e nítida da inacreditável miséria de sua disposição moral, da enorme limitação de seu entendimento, e do egoísmo sem limites de seu coração, que origina injustiça gritante, inveja e maldade tacanhas, que às vezes chegam às raias da crueldade.

18

Num mundo em que pelo menos cinco sextos das pessoas são canalhas, néscias ou imbecis, é preciso que o retraimento seja a base do sistema de vida de cada indivíduo do outro sexto restante – e quanto mais ele se distanciar dos demais tanto melhor. A convicção de que o mundo é um deserto, em que não se pode contar com companhia, deve se tornar uma sensação habitual. Assim como as paredes limitam o olhar, que de novo se amplia tão logo se tenha diante de si campos e descampados, assim também a companhia humana limita meu espírito, e a solidão de novo o amplia. Giordano Bruno diz que o homem comum, normal, civil e urbano, que procura e alcança a verdade, torna-se um homem selvagem, semelhante a um cervo ou eremita; e que todos aqueles que neste mundo quisessem fruir uma vida superior decerto diriam em uníssono: *"ecce elongavi fugiens et mansi in solitudine"* [vede, fugi para longe e permaneci na solidão], Salmos, 55, 8. Pois a ocupação com coisas divinas os torna mortos para a multidão[20]. De maneira semelhante expressou-se Kleist, com louvor de Schiller:

Ein wahrer Mensch muß fern von Menschen sein.

[Um homem de verdade tem de ficar distante dos homens.[21]]

Num mundo tão irrestritamente comum, todo aquele que for extraordinário irá necessariamente se isolar, e de fato se isola. Quanto mais o homem se isola da companhia dos homens, melhor se sente. Como os famintos que recusam um alimento estragado ou envenenado, assim também devem proceder os homens que sentem falta de companhia, em relação aos demais homens, considerando o que são. Uma felicidade grande e rara é, portanto, possuir tanto em si que não se é impulsionado pelo fastio interior ou pelo tédio a procurar a companhia dos homens, sobre os quais até mesmo o nobre e brando Petrarca disse:

Non enim vile tantummodo foedumque, sed (quod invitus dico, quodque utinam non tam late notum ex-

---

20. Cf. Giordano Bruno, *Opere*, ed. de A. Wagner, Leipzig, Weidmann, 1830, vol. II, p. 408.

21. Christian Ewald von Kleist, *Sehnsucht nach Ruhe*, vol. 120, in: *Sämtliche Werke*, Karlsruhe, Schmieder, 1776, 1ª parte, p. 102.

perientia fecisset, assidueque faceret,) perniciosum quoque, varium et infidum et anceps et ferox et cruentum animal est homo! (*De vita solitaria*, prefácio)

[Pois o homem não é apenas um animal vil e repugnante (digo isso a contragosto, quem dera a experiência não o tivesse manifestado clara e repetidas vezes e não continuasse a fazê-lo) mas também danoso, volúvel, pérfido, ambíguo, feroz e cruel.[22]]

---

22. Em seu exemplar de uso Schopenhauer sublinhou a passagem: Francesco Petrarca, *De vita solitaria*, Bern, Joannes le Preux, 1605, p. 14.

19

O que sempre e em toda parte me surpreendeu na vida real é que, até a idade avançada, nunca consegui formar uma noção razoável da pequenez e da miséria do ser humano[23].

---
23. Cf. *Spicilegia* (1839), p. 145, in: *Der handschriftliche Nachlaß*, vol. IV/1, p. 257.

20

Em todos os tempos existiu nas nações civilizadas uma espécie de monge natural, pessoas que, conscientes de suas faculdades espirituais sobressalentes, antepuseram a formação e o cultivo de tais faculdades a qualquer outro bem e, assim, levaram uma vida contemplativa, espiritual, cujos frutos se tornaram depois patrimônio da humanidade. Em conformidade com isso renunciaram à riqueza, à posse, à aparência mundana, a ter uma família própria: assim o quis a lei da compensação. Embora pertençam à classe hierarquicamente mais nobre da humanidade, cujo reconhecimento é uma honra para qualquer um, renunciam à distinção mundana com uma humildade análoga à do monge. O mundo é o seu mosteiro, o seu eremitério. – O que alguém pode ser para outrem possui um limite bem estreito: no final cada um é e permanece só. E isso depende do seguinte: *quem* está só. Se eu fosse um rei, para me autopreservar daria sempre e expressamente a seguinte ordem: deixem-me sozinho! Homens de minha espécie deveriam viver com a ilusão de serem o único ser em um planeta despovoado a fazer da necessidade uma virtude. A maioria das pessoas também nota, no primeiro contato comigo, que nada posso significar para elas, e vice-versa. De posse de um elevado grau de consciência, portanto, de uma existência superior, minha sabedoria de vida é conservar de maneira pura e vívida a fruição dessa existência, e para tal fim nada pretender além disso. Teremos conquistado o bastante se, com a idade e a experiência, finalmente alcançarmos uma *vue nette*, uma visão aguçada de toda a miséria moral e intelectual do ser humano em geral, pois não tentaremos nos envolver com ele mais do que o necessário, não mais viveremos numa luta constante como a luta entre a sede, de um lado, e, do outro, um chá nauseabundo para doentes, não mais nos deixaremos seduzir pela tentação de criar ilusões e assim pensar os homens conforme os desejamos, mas sempre teremos diante dos olhos o que eles de fato são. Por conseqüência, também vale aqui:

Optimus ille animi vindex laedentia pectus,
Vincula qui rupit dedoluitque semel.

Ovídio, *Remedia amoris*, vs. 293-4

[O melhor liberador da alma é o que, para sempre, Rompeu as correntes que oprimiam o coração.]

Acostumei-me a suportar demasiado os homens porque cedo compreendi que teria de fazê-lo, caso de algum modo quisesse lidar com eles. Todavia esta máxima nasceu de um jovem carente de relações. Experiência e maturidade tornam tais relações dispensáveis, e seria tolo ainda adquiri-las ao custo de paciência sem limites. Antes tem-se de abandonar esse povo, como diz Goethe, a Deus, a si mesmo, ao diabo[24]. Caso não se queira ser um joguete nas mãos de qualquer patife e objeto de chacota de qualquer imbecil, então a primeira regra é: retrair-se! O que um homem de minha espécie pensa e sente não tem semelhança alguma com o que as pessoas ordinárias pensam e sentem. Eis por que me convém per-

---

24. Cf. Goethe, *Hypochonder*, in: *Werke. Hamburger Ausgabe*, vol. I, p. 133:

> *Der Teufel hol' das Menschengeschlecht!*
> *Man möchte rasend werden!*
> *Da Nehm ich mir so eifrig vor:*
> *Will Niemand weiter sehen*
> *Und all das Volk Gott und sich selbst*
> *Und dem Teufel überlassen!*
> *Und kaum seh ich ein Menschengesicht,*
> *So hab'ich's wieder lieb.*

[Ao diabo o gênero humano!
Que fúria sinto!
Com fervor me proponho agora
A ninguém mais ver
E todo esse povo abandono a Deus,
A si mesmo, ao diabo!
Mas assim que vejo uma face humana
– volta de novo o amor.]

manecer hermeticamente fechado em mim mesmo. O tom mais correto diante delas é a ironia; mas uma ironia sem nenhuma afetação, uma ironia calma, que não traia a si mesma. Nunca se deve direcioná-la diretamente à pessoa com quem se conversa. Não cessar de praticá-la: eis o que considero uma vitória particular. Temos de nos acostumar a ouvir tudo – até aquilo que mais poderia nos enfurecer – de maneira bastante serena, e com isso ponderar os absurdos do interlocutor e de suas opiniões, sempre evitando qualquer conflito. Tempos depois pensaremos na cena com satisfação pessoal. Continuamente devemos manter o olhar direcionado ao todo, pois, caso nos detenhamos no particular, com facilidade erraremos, e obteremos apenas uma visão falsa das coisas. Não se pode julgar o curso de um rio a partir desta ou daquela curva. O sucesso ou fracasso do momento e a impressão que deixam não devem ser levados em conta. A partir da conduta dos outros em relação a nós não devemos aprender e corrigir o que somos, mas antes aprender quem eles são. Neste último caso podemos observar friamente; no primeiro não. Quando duas pessoas conversam, cada uma faz secretamente uma certa zombaria da outra. Portanto, em cada momento de fria razão sempre lembraremos com uma sensação de triunfo cada momento de ironia, com vergonha cada efusão sentimental. Jamais devemos ceder à vontade de falar apenas por falar, visto que a tagarelice torna-se franqueza do coração. Basta observar quão diferentes são as expressões feitas por uma pessoa quando nos ouve e quando nos fala.

21

Visto que com o aumento da intimidade diminui o respeito, já que as naturezas ordinárias costumam desprezar tudo o que não lhes é difícil obter, então, contrariando a inclinação natural à sociabilidade, temos de nos esforçar por economizar ao máximo possível tal sociabilidade...

A regra 177 de Gracián: "evitar demasiada intimidade no trato"[25].

Virtues, like essences, lose their fragrance when exposed. They are sensitive plants, which will not bear too familiar approaches.
William Shenstone, *Essays on Men and Manners*, Londres, J. Cundee, 1802, pp. 41, 163

[Virtudes, assim como essências, perdem sua fragrância quando são expostas. São plantas sensíveis que não suportam o contato demasiado íntimo.]

---

25. Cf. *Oráculo manual y arte de prudencia*, que Schopenhauer verteu para o alemão. Cf. ainda *Der handschriftliche Nachlaß*, vol. IV/2, p. 264.

22

Tão logo comecei a pensar, entrei em discórdia com o mundo. Na juventude amiúde ficava amedrontado, pois supunha que a razão estava com a maioria. Helvetius foi quem primeiro me alertou. Então, após cada novo conflito, o mundo perdia cada vez mais, e eu cada vez mais ganhava. Ao ultrapassar a casa dos quarenta anos ganhei o processo em última instância, e assim encontrei-me superiormente posicionado, mais do que jamais suspeitava. No entanto, o mundo tornou-se para mim vazio e ermo. Durante toda a minha vida senti-me terrivelmente só, e no fundo do peito sempre suspirei:

Jetzt gieb mir einen Menschen!
Schiller, *Don Carlos*, III, 5, v. 2808

[Agora me dêem um ser humano!]

Em vão. Permaneci só. Todavia, com toda sinceridade posso dizer que não foi por minha culpa. Jamais encontrei alguém que, em espírito e coração, fosse de fato um ser humano. Nada encontrei senão miseráveis sofríveis, de cabeça limitada, coração ruim, sentimentos vis: exceção feita a Goethe, Fernow, decerto F. A. Wolf e alguns poucos outros, todos porém entre vinte e cinco até quarenta anos mais velhos que eu. Gradualmente o dissabor com os indivíduos teve de ceder lugar ao sereno desprezo pelo todo. Cedo tornei-me consciente da diferença entre mim e os homens. Todavia pensava: basta conhecer cem pessoas e encontrarei um ser humano digno – debalde; então basta conhecer mil – debalde; por fim pensei que tinha, sim, de aparecer alguém, ainda que fosse entre muitos milhares. Desisti. Enfim compreendi que a natureza é ainda mais infinitamente parcimoniosa, e tenho de suportar com dignidade e paciência a *"solitude of kings"*, a solidão dos reis (Byron)[26].

---

26. Nos "Complementos" a *O mundo como vontade e representação*, livro I, cap. 15, Schopenhauer apresenta a citação completa:

To feel me in the solitude of kings,
Without the power that makes them bear a crown.

Byron, *Prophecy of Dante*, I, v. 166

[Sentir a solidão dos reis,
Porém, sem o poder que lhes permite uma coroa.]

23

The more I see of men, the less I like them; if I could but say so of women too, all would be well.

>Th. Moore, *Letters and Journals of Lord Byron with Notices of his Life*, Bruxelas-Paris, A. et W. Galignani, 1830, I, 499

[Quanto mais observo os homens, menos gosto deles; se ao menos eu pudesse dizer o mesmo das mulheres, tudo estaria bem.]

24

Em favor do matrimônio permanece por fim somente a consideração de que seremos cuidados na velhice e na doença, e teremos assim um cantinho próprio. Mas mesmo essas vantagens me parecem ilusórias. Por acaso minha mãe cuidou de meu pai quando ele adoeceu? As boas-vindas mais cordiais não nos são dadas talvez num hotel? Não é toda esta vida um *diversorium*, uma simples hospedagem? Embora por um lado também tenha dúvidas se o modo de vida reservado, que homens como eu precisam, seja mais fácil no matrimônio que no celibato, por outro reconheço que, para mim, este último modo de vida se tornou impositivo, já que, por um exercício íntimo de consciência moral, não senti em mim a coragem nem a capacidade ou o chamado para carregar comigo o fardo do matrimônio. Em mim, a todo tempo, predominaram sensibilidade e intelectualidade. Por conta disso, a todo tempo fui intensamente receptivo para o padecimento e as adversidades da vida, já suas alegrias e gozos, ao contrário, proporcionalmente falando, me comoveram menos. Por isso, desde a juventude, os meus sonhos de felicidade sempre tiveram por base cenas de retraimento, paz, solidão, gozo das minhas faculdades. Se minha vida real tivesse sido a coisa principal em minha existência e a fonte dos meus prazeres, teria de bom grado me esforçado por casar; mas como, ao contrário, minha vida foi algo ideal, intelectual, não me permiti o matrimônio, pois uma das duas coisas tem de ser sacrificada em favor da outra.

A um homem que abandonou o caminho natural da vida, não importa o motivo, jamais é permitido casar. Quem não tem trabalho remunerado não tem raiz fixa na terra, uma tempestade pode abatê-lo; tem por isso de permanecer só. A aventura de viver sem trabalho e com posses modestas só pode ser empreendida no celibato. A perda da livre disposição sobre *minha própria* pessoa é um mal bem maior que a vantagem, para mim, da conquista de *outrem*. Ademais, seria absolutamente impossível eu conseguir ser feliz com uma mulher que, por sua vez, não fosse feliz comigo, pois vivo principalmente em meu mundo de pensamentos e não gosto de companhia, diversões, sem falar que nem sempre estou de bom humor. De forma que resta pouca esperança de uma mulher vir a sentir-se feliz comigo.

Como vejo o intuito propriamente dito de minha vida situar-se para além dos limites de minha existência pessoal, que me foi apenas o meio para chegar a ele, o mais importante e mais incomum seria sacrificado ao comum se a minha pessoa e posses não estivessem completamente ao meu dispor, mas fossem compartilhadas com outrem. Para assegurar-me essa posse livre e ilimitada de mim mesmo renuncio à posse de qualquer outra pessoa. Pois se esta deve me pertencer, tenho de pertencer a ela.

Considero minha herança como um tesouro sagrado, que me é confiado apenas para resolver a tarefa que a natureza me colocou, e assim poder ser, para mim mesmo e para a humanidade, o que naturalmente me foi determinado. É uma espécie de carta de alforria sem a qual eu seria inútil para a humanidade, e talvez tivesse a existência mais miserável que uma pessoa de minha espécie jamais teve. Por isso julguei que seria o abuso mais ingrato e mais indigno de um destino tão raro como esse, se eu, na expectativa tão freqüentemente enganosa de uma vida rica em gozos, quisesse talvez despender a metade de meus proventos em lojas de roupa, alfaiates e modistas.

Quanto mais sensato e sábio alguém é, tanto piores são seus relacionamentos com a metade insensata da humanidade, e com razão, pois tais relacionamentos seriam uma imbecilidade maior ainda de sua parte. Se alguém completou quarenta anos sem ter se sobrecarregado com esposa e filhos e, apesar disso, ainda os queira, deve ter pouco aprendido. Tal pessoa assemelha-se àquela que, já tendo percorrido a pé três quartos do caminho até a estação do correio, ainda quisesse gastar um bilhete para o resto do trajeto.

He that hath wife and children, hath given hostages to Fortune, for they are impediments to great enterprises, either of virtue or mischief. Certainly the best works and of greatest merit for the public have proceeded from the unmarried or childless men, which both in affection and means have married and endowed the public.

Bacon, *Essay of Marriage and Single Life*[27]

[Quem tem esposa e filhos tornou-se refém do destino, pois eles são impedimentos para grandes tarefas, sejam virtuosas ou infaustas. Decerto as melhores obras e as de maior valor para o público foram produzidas por homens solteiros e sem filhos, que com paixão e meios casaram-se com o público.]

---

27. Schopenhauer sublinhou a passagem em seu exemplar de uso da obra: Francis Bacon, *The Essays, or Council, Civil and Moral*, Londres, H. Clark, 1718, p. 17.

25

A maioria dos homens deixa-se seduzir por um belo rosto, visto que a natureza os induz a possuir mulheres, na medida em que mostra todo o esplendor delas ou deixa atuar... um "efeito teatral". Todavia, esconde muitos males que elas trazem consigo: gastos sem fim, cuidados com a prole, indocilidade, teimosia, envelhecimento e perda da beleza em poucos anos, mentiras, cornos no marido, caprichos, ataques histéricos, amantes, e outras coisas mais do inferno e do diabo. Eis por que denomino o matrimônio uma dívida contraída na juventude e paga na velhice. Sirvo-me aqui de Baltasar Gracián, que chama de camelo um homem de quarenta anos com esposa e filhos; pois de fato o fim comum da assim chamada carreira dos homens jovens é apenas tornar-se burro de carga de uma mulher. Dentre os melhores deles, a mulher, via de regra, passa como um pecado da juventude. O ócio livre que empregam o dia todo para conquistar a sua mulher é um bem de que o filósofo necessita. O homem casado carrega todo o fardo da vida, o celibatário apenas a metade: quem se consagra às musas tem de pertencer a esta última classe. Daí notar-se que quase todos os filósofos de verdade permaneceram solteiros: Descartes, Leibniz, Malebranche, Espinosa, Kant. Os antigos não podem ser aqui computados, já que entre eles a mulher ocupava uma posição subalterna; ademais é conhecido o sofrimento de Sócrates, e Aristóteles foi um cortesão. Os grandes poetas, ao contrário, eram todos casados e de fato pessoas infelizes. Shakespeare ganhou até mesmo duplo par de cornos. Maridos são amiúde um Papageno às avessas: este, com admirável rapidez, transforma uma velha em uma jovem; de maneira similar o marido, com grande rapidez, transforma uma jovem em uma velha.

26

Matrimony = war and want! Single blessedness = peace and plenty.

[Matrimônio = guerra e escassez! Sina do solteiro = paz e abundância.[28]]

Até mesmo o cantor laureado do amor diz:

---

28. O próprio Schopenhauer formulou em inglês a máxima, numa carta a David Asher, datada de 4 de novembro de 1858: *"To marry or not, is the question – Question?!! I'll give you a sound maxim of my own making, thought it's in English: 'matrimony = war and want! Single blessedness = peace and plenty.' Stick to that. This, by the bye, is an Alliteration; the Germans call it a Staffrime. But what's that to us?"* [Casar ou não casar, eis a questão. Questão?!! Vou dar-lhe um ditado incontestável de minha própria autoria, um pensamento em inglês: matrimônio = guerra e escassez. Sina do solteiro = paz e abundância. Abracem esta idéia. Isto, aliás, é uma aliteração: os alemães chamam-na rima fixa. Mas o que significa para nós?] (A. Schopenhauer, *Gesammelte Briefe*, p. 438.)

quisquis requiem quaeris, foeminam cave, perpetuam officinam litium ac laborum.

Petrarca, *De vita solitaria*, livro II, seção III, cap. 3

[quem procura paz, que evite a mulher, fonte perpétua de conflito e dor de cabeça.[29]]

---
29. No seu exemplar de uso Schopenhauer grifou a passagem com caneta: F. Petrarca, *De vita solitaria*, p. 142.

27

Somente provocando medo é que se consegue conter a mulher dentro dos limites da razão. No matrimônio, entretanto, é de fato necessário contê-la dentro de limites porque temos de partilhar com ela o que possuímos de melhor, e, assim, perde-se em felicidade amorosa o que em autoridade se ganha. Daí explica-se, por exemplo, por que a metade dos crimes capitais na Inglaterra são cometidos entre marido e mulher.

28

A natureza fez mais do que o necessário para isolar o meu coração, na medida em que o dotou de desconfiança, excitação, veemência e orgulho numa proporção quase inconciliável com a *mens aequa*, mente serena do filósofo. De meu pai herdei uma ansiedade que eu mesmo abomino e procuro combater com todo o empenho de minha força de vontade. Ansiedade que por vezes, até nas ocasiões mais insignificantes, se apossa de mim com tanta violência que enxergo nitidamente desgraças meramente possíveis, apenas imagináveis. Uma terrível fantasia muitas vezes potencializa de modo inacreditável essa minha característica. Quando eu tinha seis anos de idade, certa noite meus pais, ao retornarem de um passeio, encontraram-me no mais completo desespero porque subitamente imaginei ter sido abandonado por eles para sempre. Quando jovem, era atormentado por doenças imaginárias e duelos. Durante meus anos de estudo em Berlim considerei-me inválido por um bom tempo. Na eclosão da guerra de 1813 fui perseguido pelo medo de ser obrigado a prestar serviço militar. Fugi de Nápoles com pavor da varíola, e de Berlim por causa da cólera. Em Verona fui tomado pela idéia fixa de ter cheirado rapé envenenado. Quando, em julho de 1833, planejava deixar Mannheim, de repente e sem nenhum motivo aparente assaltou-me um inexprimível pânico. Anos a fio fui perseguido pelo medo de um processo criminal por conta... do caso berlinense, da perda de meu patrimônio, e da contestação de minha herança por parte de minha mãe. Surgisse algum barulho no meio da noite, levantava da cama e pegava punhal e pistola, os quais sempre carregava comigo. Mesmo sem haver nenhum motivo especial, trazia em mim uma contínua e íntima preocupação, que me levava a ver e procurar perigos onde não havia. Isso amplia ao infinito a menor inquietação e me dificulta por completo o relacionamento com os seres humanos.

29

A grande maioria das pessoas assemelha-se às castanhas-da-índia, aparentemente comestíveis como as demais, todavia intragáveis[30]. (No *Kural* de Tiruvalluver é dito: "O povo comum parece o ser humano; todavia nunca vi nele algo parecido ao humano!"[31]) Muitos são um amálgama de perversidade e estupidez, difíceis de distinguir. A expressão inglesa *a dull scoundrel*, um canalha velhaco, é a que melhor os define. Goethe, bem em sintonia com o seu caráter, escreveu em meu caderno de recordações:

---

30. Cf. *Parerga und paralipomena*, vol. II, p. 87, observação: "Há cerca de vinte anos mandei fazer uma tabaqueira em cuja tampa foram reproduzidas, em algumas partes em mosaico, duas belas castanhas ao lado de uma folha que deixava reconhecer que eram castanhas-da-índia. Este símbolo deveria a todo momento recordar-me aquele pensamento [a saber: 'o povo comum parece o ser humano; todavia nunca vi nele algo parecido ao humano']."

31. Cf. Tiruvalluver, *Der Kural. Ein gnomisches Gedicht über die drei Strebeziele des Menschen*, trad. e org. de Karl Graul, Leipzig, Dörffling & Franke, 1856, p. 140. Schopenhauer também cita a passagem em *Parerga und paralipomena*, vol. II, pp. 87, 359.

Willst du dich deines Werthes freuen,
So mußt der Welt du Werth verleihen.

[Se queres regozijar-te com o teu valor,
Então tens de ao mundo atribuir valor.[32]]

Prefiro todavia pensar com Chamfort:

Il vaut mieux laisser les hommes pour ce qu'ils sont,
Que les prendre pour ce qu'ils ne sont pas.

[É melhor deixar os homens serem o que são,
A tomá-los pelo que não são.]

Rien de si riche qu'un grand soi-même! [nada mais rico que um grande si-mesmo![33]] Quase todo contato com os seres humanos significa *contamination, défilement* [contaminação, degradação]. Os seres humanos têm uma tal índole que os mais sábios foram todos aqueles que no decurso de suas vidas travaram com eles o menor contato possível. Goethe, todavia, segundo Eckermann, afirma justamente o contrário. É preciso estarmos plenamente imbuídos da convicção de que caímos num mundo povoado de seres moral e intelectualmente miserá-

---

32. Goethe, *Sprichwörtlich*, in: *Werke. Weimarer Ausgabe*, Munique, Deutscher Taschenbuch Verlag, 1987, vol. 2, p. 230.

33. Schopenhauer prossegue na citação de Chamfort.

veis, e que não fazemos parte deles; a companhia deles, portanto, tem de ser evitada a todo custo. Devemos nos considerar e nos comportar como os brâmanes entre os sudras e párias. Devemos estimar e honrar, de acordo com o seu valor, os poucos que fazem parte dos melhores. Quanto aos demais, nascemos para instruí-los, não para lhes fazer companhia. Temos de nos acostumar a considerá-los como uma espécie que nos é estranha, simples material de nosso labor. Devemos meditar diariamente sobre a sua sofrível índole moral e intelectual, tendo diante dos olhos que não precisamos deles e que podemos ficar longe deles. Visto que o pior e o mais reles ser humano ainda é igual a nós em muitas características, tanto físicas quanto morais, ele sempre tentará colocar tais características em primeiro plano, de forma que aquilo que nos torna melhores seja tratado como algo secundário. Como levam em conta apenas força e poder, convém evitá-los ou torná-los inofensivos. Devido à inveja própria da natureza humana só resta aos obtusos e destituídos de espírito alimentar uma animosidade secreta contra os que têm espírito superior, como fazem os perversos e reles contra as pessoas nobres e de caráter, embora às vezes colham vantagens e benesses destes objetos de sua raiva secreta, e inclusive temporariamente busquem as suas qualidades. Da mesma forma, aqueles que em vão procuram a nobreza da disposição moral ou um grau de clareza da inteligência que eles próprios possuem, têm por fim de começar a desprezar secretamente os perversos. O duplo isolamento de toda pessoa superior reside no fato de ela dissimular sua superioridade de bípede, caso a tenha notado tão instintivamente como um inseto que se faz de morto; pois tal pessoa esconde essa superioridade de si mesma.

30

A diferença mais notável entre as pessoas de minha espécie e as outras reside em grande parte no fato de as primeiras terem uma forte necessidade – que as outras não conhecem, e cuja satisfação lhes seria funesta – do ócio livre para pensar e estudar, ócio que muda até mesmo o parâmetro moral para o julgamento de pessoas como eu; embora o moribundo Péricles tivesse razão ao afirmar que *mérito* algum compensa uma consciência perversa. Acompanho os antigos e, com Sócrates e Aristóteles (Diógenes Laércio, II, 31; Aristóteles, *Ética nicomaquéia*, X, 7, 1177b 4), considero o ócio como o bem maior. Se um homem como eu veio ao mundo, aparentemente só há uma coisa a desejar: que ele, tanto quanto possível, durante todo o tempo de sua vida, a cada dia e a cada hora, possa ser ele mesmo e assim viver para o seu espírito.

Mas é difícil cumprir essa exigência num mundo em que a sorte e a determinação dos mortais são completamente diferentes, num mundo que nos coloca entre Cila e Caribde, ou seja, entre a pobreza que nos rouba todo ócio livre, e a riqueza que tenta de toda forma corromper esse ócio e tirá-lo de nós. A sorte humana é determinada pela natureza: trabalhar de dia, descansar à noite, pouco tempo livre. A felicidade do varão? Mulher e filho, que são o seu consolo na vida e na morte. Ali, porém, onde um caráter excepcional produz uma gigantesca necessidade espiritual e com ela a possibilidade de grande fruição do espírito, o ócio livre é a condição capital da felicidade, para a qual se renuncia voluntariamente até mesmo à felicidade comum proporcionada por mulher e filho. O indivíduo dessa espécie pertence a uma outra esfera. Por outro lado, para a satisfação dessa exigência ímpar são exigidas circunstâncias exteriores, que todavia raramente entram em cena. Aqui um destino favorável tem de imperar, a fim de preparar circunstâncias extraordinárias para uma natureza extraordinária. É quando entra em cena o que Knebel reconheceu aos noventa anos de idade: na vida da maioria dos homens encontra-se um certo plano que, por assim dizer, lhes é previamente sinalizado tanto pela própria natureza como pelos acontecimentos que os envolvem. Mesmo que as situações de sua vida tenham sido múltiplas e variadas, ao fim revela-se de fato um todo que se deixa observar numa certa coerência. Revela-se a mão de um destino determinado, por mais oculta que seja a sua atuação: mão que pode ser movida ora por motivo externo, ora por estímulo interno; sim, com freqüência motivos contraditórios vêm em sua direção (K. L. Knebel, *Literarischer Nachlaß* [*und Briefwechsel*, org. por K. A. Vernhagen von Ense e T. Mundt, Leipzig, Reichenbach, 1840], vol. III, p. 452[34]).

---

34. Cf. *Parerga und paralipomena*, vol. I, p. 218.

31

Pode-se comparar a sociedade comum com aquela música russa de trompas, na qual cada trompa tem apenas um tom e somente a sintonia exata de todas é que faz soar a música. Ora, tão monótonos quanto semelhantes trompas uníssonas são os sentidos e os espíritos da grande maioria das pessoas. Muitas, inclusive, parecem ter tido sempre apenas um único e mesmo pensamento, sendo incapazes de conceber alguma outra coisa[35].

---

35. Passagem novamente usada em *Parerga und paralipomena*, vol. I, p. 451.

32

Penso com Thomas von Kempen (segundo Sêneca, *Epistulae*, 7): "*quoties inter homines fui, minor homo redii*" [todas as vezes que estive entre homens retornei menos humano] (*De imitatione Christi*, livro I, XX, 2). Por outro lado, Goethe diz que a conversa é ainda mais agradável que a luz[36]. Todavia, a meu ver, é melhor nada fa-

---

36. Cf. Goethe, *Das Märchen*, in: *Werke. Hamburger Ausgabe*, vol. VI, p. 215:

"*Kaum hatte die Schlange dieses ehrwürdige Bildnis angeblickt, als der König zu reden anfing und fragte:*
– *Wo kommst du her?*
– *Aus den Klüften, versetzte die Schlange, in denen das Gold wohnt.*
– *Was ist herrlicher als Gold?, fragte der König.*
– *Das Licht, antwortete die Schlange.*
– *Was ist erquicklicher als Licht?, fragte jener.*
– *Das Gespräch, antwortete diese.*"

[Assim que a serpente mirou esse augusto retrato, o rei começou a falar e perguntou:
– De onde vens?
– Dos abismos, redargüiu a serpente, onde brilha o ouro.

lar a ter de manter uma conversa pobre e maçante, como é comum aos bípedes, dos quais três quartos falam coisas que lhes ocorrem e não deveriam falar, e proferem besteiras como se fossem ponderações necessárias; de maneira que o diálogo com eles não passa de uma agonizante acrobacia numa tênue corda: a de dizer algo sem se expor a riscos. Via de regra toda conversa – com exceção daquela com o amigo ou com a amada – deixa um sabor de fundo desagradável, uma perturbação na paz interior; ao contrário, toda ocupação com o próprio espírito deixa uma reverberação benéfica. Se converso com as pessoas, recebo opiniões que na maior parte das vezes são falsas, rasteiras ou enganosas, e expressas na pobre linguagem de seu espírito. Ao contrário, se converso com a natureza, esta me oferece de modo verdadeiro e sem dissimulação o ser inteiro de cada coisa sobre a qual fala, e isso de maneira intuitiva e inesgotável, falando comigo a linguagem de meu espírito. Meus pensamentos e a comunicação deles sempre me ocupam vivazmente; com os bípedes, entretanto, não é a mesma coisa: seu pensamento livre e linguagem carecem de interesse verdadeiro, e sua participação neles não possui aquela vivacidade que invade e magnetiza. Eis por que sempre de-

---

– O que é mais precioso que o ouro? – perguntou o rei.

– A luz – respondeu a serpente.

– O que é mais agradável que a luz? – perguntou aquele.

– A conversa – respondeu esta.]

dicam grande atenção ao ambiente próximo, num tal grau que quase não consigo imaginar. Enquanto meu olhar se fixa num ponto, o deles fica vagueando e qualquer ruído perturbador lhes é bem-vindo. Assim, não há ocasião em que eu considere os homens menos como meus semelhantes do que, por exemplo, quando os vejo tagarelar coisas sem sentido, o que para mim é como o latido dos cães ou o piar dos canários.

33

Já aos trinta anos de idade estava sinceramente cansado de considerar como meus iguais seres que de fato não o são. Quando o gato é filhote, brinca com bolinhas de papel porque as toma como seres vivos, como seres semelhantes a ele; mas, quando se torna adulto, nota o que são, e as deixa de lado[37]. O mesmo se passou comigo em relação aos bípedes. *Similis simili gaudet* [o igual se alegra com o igual][38]. Para ser amado pelos homens, ter-se-ia de ser igual a eles. Mas que o diabo os carregue! O que os une e mantém unidos é sua ordinariedade, miudeza, superficialidade, raquitismo espiritual e mesquinharia. Eis por que minha saudação a todos os bípedes é: *pax vobiscum, nihil amplius!* [a paz esteja convosco, é o suficiente!]. Quando jovem, o homem de natureza nobre acre-

---

37. A comparação é feita em *Spicielga* (1842), p. 289, in: *Der handschriftliche Nachlaß*, vol. IV/1, p. 289.

38. Cf. Agostinho, *De spiritu et littera*, 14, conforme o antigo ensinamento: *simile simili cognoscitur* [o igual reconhece o igual]. O mesmo já é encontrado em Homero (*Odisséia*, XVII, 218) e em Empédocles (Fr. 109, Diels-Kranz), e repetido por Schopenhauer em outras passagens.

dita que as relações fundamentais e decisivas, e as ligações entre os seres humanos delas originadas, são *ideais*, baseando-se na semelhança da disposição moral, da forma de pensamento, do gosto, das faculdades do espírito; todavia, mais tarde se convencerá intimamente de que tais relações são em verdade *reais*, isto é, calcadas em algum tipo de interesse material. Tais interesses encontram-se no fundamento de quase todas as ligações: inclusive a grande maioria das pessoas não possui outra noção do que seja uma relação[39]. Portanto, quanto mais elevada a posição espiritual de alguém, tanto mais ordinárias têm de lhe parecer as pessoas; tão certo quanto, se dos pés da torre até o seu cume há trezentos pés, deste até a base há de novo o mesmo tanto.

---

39. "O homem de natureza nobre... relação." Cf. *Parerga und paralipomena*, vol. I, p. 488.

34

Die eisernen Reifen, mit denen mein Herz eingefaßt ist, treiben sich täglich fester an, sodaß endlich gar nichts mehr durchrinnen wird. So viel kann ich sagen: je größer die Welt, desto garstiger wird die Farce, und ich schwöre, keine Zote und Eselei der Hanswurstiaden ist so ekelhaft als das Wesen der Großen, Mittleren und Kleinen durcheinander. Ich habe die Götter gebeten, daß sie mir meinen Muth und Gradsinn erhalten wollen bis ans Ende und lieber das Ende mögen vorrücken, als mich den letzten Theil des Ziels lausig hinkriechen lassen. Ich bete die Götter an und fühle doch Muth genug, ihnen ewigen Haß zu schwören, wenn sie sich gegen uns betragen wollen wie die Menschen."

Goethe à Sra. Von Stein, 19.5.1778[40]

....

40. Esta é mais ou menos uma citação de Goethe, a partir de *Goethes Briefe an Frau von Stein: 1776-1826*, org. por Adolf Scholl, Weimar, Landes-Industrie-Comptoirs, 1848-1851, vol. I, p. 169.

[Os grilhões de ferro com os quais meu coração está envolto ficam a cada dia mais apertados, de tal modo que ao fim nada mais fluirá por ele. O que posso dizer é: quanto maior o mundo, tanto mais vil é a farsa. E juro que nenhuma vulgaridade ou asneira é mais repugnante, em toda essa fanfarrice, que a mistura da natureza dos grandes, médios e pequenos. Pedi aos deuses para conservarem meu ânimo e retidão até o momento final, e que antes antecipem meu fim a deixarem-me arrastar miseravelmente na última parte do percurso que leva ao meu fim. Rogo aos deuses. Todavia, tenho coragem suficiente para jurar-lhes ódio eterno, caso queiram comportar-se conosco como fazem os homens.]

Quando ao olharmos pela primeira vez a fisionomia e os modos de uma pessoa sentimos enorme repugnância, abstemo-nos de conhecê-la mais de perto, o que na maioria dos casos é puro ganho. Os homens são como se parecem no primeiro momento: e não se pode dizer deles nada pior. Basta considerar os rostos com os quais ainda não estamos acostumados, e amiúde sentiremos vergonha de sermos humanos. É sempre desconcertante e perigoso se aparência e realidade se distanciam muito uma da outra. Por isso prefiro que o mundo *apareça* tão desolador aos meus olhos quanto de fato é para minha razão.

35

Todos os exemplos surpreendentes e explícitos de ruindade, maldade, perfídia, ignomínia, inveja, estupidez e perversidade que experimentamos e tivemos de suportar com paciência não devem de modo algum ser atirados ao vento, mas antes usados como *alimenta misanthropiae* [alimento da misantropia], e devem ser continuamente lembrados e mantidos em mente, para assim sempre termos diante dos olhos a índole real dos homens, e não nos comprometermos de modo algum com eles. Assim, descobriremos que de fato até freqüentávamos há muitos anos aqueles com quem tivemos experiências desse gênero, sem que os acreditássemos capazes disso. E portanto foi só a ocasião que os pôs em evidência. Ora, quando começamos a nos familiarizar com uma pessoa, devemos sempre ter em mente que, caso a conhecêssemos mais intimamente, decerto a desprezaríamos ou teríamos de odiá-la.

36

Que me seja consentido esperar que a aurora da minha fama doure com seus primeiros raios a noite da minha vida, anulando assim o seu lado lúgubre[41].

---

41. Schopenhauer escreve algo semelhante num esboço para o prefácio da terceira edição de *O mundo como vontade e representação*: "*Si quis toto die currens pervenit ad vesperum satis est* [Se alguém, correndo todo o dia, alcança a noite, pode dizer-se satisfeito]. Doravante, de fato, o crepúsculo da minha vida torna-se a aurora da minha fama." (*Senilia*, p. 84 do manuscrito original, 1856).

37

    Depois que se levou uma longa vida no anonimato e no desprezo, lá vêm eles ao fim com timbales e trompetes, e acreditam que isso basta.

38

Sempre desejei uma boa morte, pois quem durante toda a vida foi só, decerto saberá enfrentar melhor que outro esse negócio solitário. Em vez de ser tomado pelo berreiro próprio à limitada capacidade dos bípedes, expirarei na alegre consciência de ter cumprido a minha missão, e de retornar para lá, de onde emergi tão altamente agraciado.

MÁXIMAS E CITAÇÕES PREFERIDAS

1

῎Απας μὲν ἀὴρ αἰετῷ περάσιμος,
῎Απασα δὲ χθὼν ἀνδρὶ γενναίῳ πατρίς.

    Eurípedes, *Fragmenta* 1047; Stobeu 40,9

[Todo o céu é da águia o caminho,
Toda a terra é do homem nobre a pátria.]

2

Οὐ τὸ ἡδὺ διώκει ὁ φρόνιμος ἀλλὰ τὸ ἄλυπον.

Aristóteles, *Ética nicomaquéia*,
VII, 11, 1152b, 15-16

[O sábio aspira não ao prazer mas à ausência de dor.]

3

Magnum vectigal parsimonia.

Cícero, *Paradoxa Stoicorum*, I, 49;
De republica, 4, 7

[Parcimônia é uma grande fonte de renda.]

4

Nemo potest non beatissimus esse qui est totus aptus ex sese quique in se uno ponit omnia.

Cícero, *Paradoxa Stoicorum*, II, 17[1]

[É impossível não ser felicíssimo quem em tudo depende apenas de si e em si mesmo tudo apóia.]

---

1. Cf. *Tusculanae disputationes*, V, 36; *Epistulae ad familiares*, V, 13, I, 7.

5

Independence is a better cordial than tokay.

Shenstone, *Essays on Men and Manners*,
Londres, J. Cundee, 1802, p. 195[2]

[Independência é um fortificante melhor do que o tokay.]

---

2. Citação análoga. Ao pé da letra Shenstone escreve: *Liberty is a more invigorating cordial than tokay* [Liberdade é um digestivo mais fortificante do que o tokay].

6

Coetusque vulgares et udam
Spernit humum fugiente pinna.

                Horácio, *Carmina*, III, 2, 23

['A virtude'... olha com desprezo
a agitação do povo, a bruma da terra.]

7

Nulli te facias nimis sodalem,
Gaudebis minus et minus dolebis.

                Martialis, *Epigrammata*, XII, 34, 10

[Não te afeiçoes demasiado a alguém.
Terás menos alegria e menos dor.]

8

Il n'y a pas de dette plus fidèlement acquitée que le mépris.

Helvetius, *De l'esprit*, Paris, Durand, 1758, p. 86[3]

[Dívida alguma é mais fielmente quitada que o desprezo.]

---

3. Grifada no exemplar de uso de Schopenhauer.

9

Asno sea quien a asno bozea.

Provérbio espanhol

[Asno seja quem como asno relincha.]

10

Give the world its due in bows.

Schopenhauer

[Dê ao mundo o que lhe é devido em reverências.]

11

There is nothing by which a man exasperates most people more, than by displaying a superior ability of brilliancy in conversation. They seem pleased at the time; but their envy makes them curse him at their hearts.

Samuel Johnson, *Life of Samuel Johnson*, Londres, Henry Washbourne, 1848, p. 490

[Nada exaspera mais a maior parte das pessoas do que alguém exibir o brilho de sua habilidade superior na conversação. Parece agradar-lhes num primeiro momento, mas a inveja os faz maldizê-lo dentro de seus corações.]

12

Der schlimmste Neidhart in dieser Welt –
Der jeden für sinesgleichen hält.

Goethe[4]

[O pior invejoso deste mundo –
é aquele que a todos considera como seu igual.]

---

4. Goethe, *Égalité*, in: *Werke. Hamburger Ausgabe*, vol. I, p. 331.

13

Ti scongiuro, Nolano, per il divino tuo genio che ti difende et in cui ti fidi, che vogli guardarti di vili, ignobili, barbare et indegne conversazioni; a fin che non contraggi per sorte tal rabbia e tanta ritrosía, che divenghi forse come un satirico Momo tra li dei, e come un misantropo Timon tra gli uomini.

Giordano Bruno, *Cena delle Ceneri*[5]

[Suplico-te, Nolano, pelo teu divino gênio que te defende, e no qual confias, que te guardes de conversas vis, ignóbeis, bárbaras e indignas, a fim de eventualmente não te acostumares a tal raiva e a tanta falta de sensibilidade, que te tornarão talvez um Momo satírico entre os deuses, e um Timon misantropo entre os homens.]

---

5. Citação reduzida de Giordano Bruno, *Opere*, vol. I, pp. 198-9. A passagem está grifada no exemplar de uso de Schopenhauer.

14

The intellectual nature is its own law.

Richard Price[6]

[A natureza intelectual é sua própria lei.]

---

6. Livremente citado a partir de *A Free Discussion of the Doctrine of Materialism, and Philosophical Necessity, in a Correspondence between Doctor Price, and Doctor Priestley*, Londres, J. Johnson and T. Cadell, 1778.

15

Sein Witz und Humor machte ihn zum angenehmen Gesellschafter, und obgleich sein edles Herz ihm überall Freunde hätte erwerben sollen, so fand er doch nur wenige. Da er sich durch seine Perspicacität immer zum beständigen Urtheil über Menschen und Dinge hinreißen ließ, so wurden oft seine Entscheidungen hart und scharf; und wenn er einem Thoren, der vor tausend Jahren gelebt hatte, das Facit machte, so war oft der Zuhörer, und wenn es auch tête-à-tête *geschah, unschlüssig, ob es nicht eine Anspielung sei, die ihm gelte.*

J. H. Merck, Lindor[7]

[Seu jeito brincalhão e senso de humor tornavam-no uma companhia agradável. Mas, embora seu nobre coração devesse lhe conquistar amigos por toda parte, encontrou bem poucos. Como sua perspicácia sempre o levava

---

7. In: Johann Heinrich Merck, *Ausgewählte Schriften zur schönen Literatur und Kunst*, org. por Adolf Stahr, Oldenburg, Schulzesche Buchhandlung, 1840, p. 157.

a emitir juízos consistentes sobre as pessoas e as coisas, suas opiniões amiúde eram duras e cortantes. E, quando fazia o balanço sobre algum parvo que vivera há mil anos, muitas vezes o interlocutor, mesmo que se encontrasse *tête-à-tête*, tinha dúvida se não se tratava de uma alusão *a si*.]

16

An nichts tragen die Menschen schwerer, als an der Achtung, Verehrung, die sie für die guten Eigenschaften und Tugenden anderer fühlen oder fühlen müssen. Wer nicht will, daß ihm die Last vor die Füße geworfen werde, oder den so Belasteten nach und nach von den Schultern falle, der muß immer etwas zu dem Gewichte zu legen haben: er muß sie darunter erdrücken. Aber ich steh' ihm nicht für die Folgen der Verzweiflung der so Leidenden.

Klinger[8]

[Nada é mais difícil de suportar para os homens que o respeito e a reverência que sentem ou têm de sentir em relação às boas qualidades e virtudes de outrem. Quem não quiser encolerizar-se com o fardo ou que ele gradualmente lhe caia dos ombros, sempre tem de colo-

....
8. Livremente citado a partir de Friedrich Maximilian Klinger, *Der Weltmann und der Dichter*, Leipzig, Hartknoch, 1798. Schopenhauer possuía um exemplar do livro, que entretanto se perdeu.

car algo sobre ele, para comprimi-lo. Todavia, não me responsabilizo pelas conseqüências e exasperação que dessa forma sofrem.]

17

Wenn der Vorzug des Menschen sich darin erhärtet, daß er mehr ein selbständiges und geschlossenes Wesen als jedes einer andern Gattung ausmacht, so besteht gewiß der höhere Vorzug der Menschen untereinander, in je höherm Grade einer vor dem Andern dies in sich selbst vollendete geschlossene und selbständige Wesen bildet. Ein Mensch also, der in seinen Ansichten, Handlungen, seiner Gestaltung und Produktivität oder in allen den Berührungspunkten seines Daseins mit den Wesen seiner Gattung sich gleichsam selbst umkreist, und von der Sphäre seinesgleichen durch sein abgerundetes Wesen so zu sagen in dem Grade abstreift, daß nur ein kleiner Punkt der Assimilation, eine Tangente zwischen ihm und der Menschengattung sich bildet – einen solchen Menschen kann man schlechthin zu den Vorzüglichsten und Größten zählen.

Paul Ferdinand Friedrich Buchholz, *Kabinet Berlinischer Karaktere*, Berlim, Duncker & Humblot, 1808, p. 6[9]

---

[9]. Schopenhauer também menciona este escrito em *Parerga und paralipomena*, vol. I, p. 102.

[Se a vantagem do ser humano se confirma no fato de ele – mais do que qualquer animal de outra espécie – ser independente e completo, então decerto a vantagem superior de uma pessoa reside no maior grau com que ela desenvolve em si mesma essas características diante do outro. Uma pessoa, portanto, que em suas visões e ações, em sua formação e produtividade, ou em todos os pontos de contato de sua existência com os seres de sua espécie, de certa forma gravita em torno de si, e que, devido à sua natureza completa, distancia-se da esfera de seus semelhantes num grau, por assim dizer, em que apenas um pequeno ponto de contato, uma tangente entre ela e a espécie humana é formada – tal pessoa pode ser tranqüilamente incluída entre as mais excelsas e magnânimas.]

Fontes

1. Grisebach n. I; Hübscher n. 4. Em torno de 1822.
2. Grisebach n. XXX; Hübscher n. 3. Em torno de 1822.
3. Grisebach n. III; Hübscher n. 5. Em torno de 1822.
4. Grisebach n. XI; Hübscher n. 6. Em torno de 1822.
5. Grisebach n. XXIX; Hübscher n. 7. Em torno de 1822.
6. Grisebach n. VI; Hübscher n. 1. Em torno de 1821-1822, provavelmente antes da segunda viagem à Itália, iniciada em 27 de maio de 1822. Cf. carta a Osann, de 20 de abril de 1822 (Schopenhauer, *Gesammelte Briefe*, p. 82).
7. Hübscher n. 2. Em torno de 1821-1822.
8. Grisebach n. X; Hübscher n. 8. Em torno de 1822-1823.
9. Grisebach n. IX; Hübscher n. 9. Em torno de 1823.
10. Grisebach p. 148; Hübscher n. 10.
11. Grisebach n. IV; Hübscher n. 11.
12. Grisebach n. V; Hübscher n. 12. Depois de 1825.
13. Grisebach n. XIX; Hübscher n. 13. Em torno de 1826.
14. Hübscher n. 14. Em torno de 1828.
15. Grisebach n. XVIII; Hübscher n. 15. Depois de 1829.
16. Hübscher n. 16. Depois de 1829.
17. Grisebach ns. XX-XXI; Hübscher n. 17. Depois de 1829.
18. Grisebach n. VII; Hübscher n. 18. Depois de 1831.
19. Grisebach n. XXVII; Hübscher n. 19. Depois de 1830.

20. Grisebach ns. XV-XVI; Hübscher n. 20.
21. Grisebach pp. 147-8; Hübscher n. 21.
22. Grisebach n. XXVIII; Hübscher n. 22. Em torno de 1831.
23. Hübscher n. 23.
24. Grisebach p. 147, nota 66; Hübscher n. 24. Em torno de 1831.
25. Grisebach n. XII; Hübscher n. 25. Em torno de 1831.
26. Grisebach n. XIII; Hübscher n. 26. Em torno de 1831.
27. Grisebach n. XIV; Hübscher n. 27.
28. Grisebach pp. 164-5; Hübscher n. 28. Em torno de 1833.
29. Grisebach ns. XXIV-XXV; Hübscher n. 29. Depois de 1836.
30. Grisebach n. II; Hübscher n. 30. Depois de 1840.
31. Hübscher n. 31. Depois de 1840.
32. Grisebach n. VIII; Hübscher n. 32. Depois de 1840.
33. Grisebach ns. XXIII e XXII; Hübscher n. 33. Em torno de 1844.
34. Grisebach p. 149 e n. XXVI; Hübscher n. 34. Depois de 1850.
35. Grisebach n. XVII; Hübscher n. 35. Em torno de 1852.
36. Grisebach p. 168, nota; Hübscher n. 36. Em torno de 1855.
37. Grisebach n. XXXI; Hübscher n. 37.
38. Grisebach p. 162, nota; Hübscher n. 38.

Impresso por :

gráfica e editora
Tel.:11 2769-9056